Rudolf Steiner
Ausgewählte Gebete, Meditationen und mantrische Sprüche

Ein Vademecum für jeden Tag

Herstellung und Verlag: Books on Demand
GmbH, Norderstedt

ISBN **9783848206483**

Inhaltsverzeichnis

Vorwort des Herausgebers

Rudolf Steiner formulierte das Wesen der Anthroposophie in seinem ersten Leitsatz wie folgt: "Anthroposophie ist ein Erkenntnisweg, der das Geistige im Menschenwesen zum Geistigen im Weltenall führen möchte. Sie tritt im Menschen als Herzens- und Gefühlsbedürfnis auf. Sie muß ihre Rechtfertigung dadurch finden, daß sie diesem Bedürfnisse Befriedigung gewähren kann. Anerkennen kann Anthroposophie nur derjenige, der in ihr findet, was er aus seinem Gemüte heraus suchen muß. Anthroposophen können daher nur Menschen sein, die gewisse Fragen über das Wesen des Menschen und die Welt so als Lebensnotwendigkeit empfinden, wie man *Hunger und Durst* empfindet." (GA 26, 1. Leitsatz).[1]

Denjenigen, denen die Anthroposophie so sehr ans Herz gewachsen ist, als dass sie notwendig ist, wie „Hunger und Durst", sei diese Textsammlung besonders anempfohlen, denn, wie heißt es so schön: „Der Mensch lebt nicht nur vom Brote allein" (Mt 4,4).

Michael Heinen-Anders, 24.04.12

---

[1] Rudolf Steiner: Anthroposophische Leitsätze, GA 26, Rudolf Steiner Verlag, Dornach 1982, S. 14

Gebete

Gebet

Gottes schützender segnender Strahl
Erfülle meine wachsende Seele,
Daß sie ergreifen kann
Stärkende Kräfte allüberall.
Geloben will sie sich,
Der Liebe Macht in sich
Lebensvoll zu erwecken,
Und sehen so Gottes Kraft
Auf ihrem Lebenspfade
Und wirken in Gottes Sinn
Mit allem, was sie hat.[2]

---

[2] Quelle: Rudolf Steiner: Makrokosmos und Mikrokosmos, GA 119, Rudolf Steiner Vlg., Dornach 1992, S. 283

KINDERGEBETE

Vom Kopf bis zum Fuß

Bin ich Gottes Bild,

Vom Herzen bis in die Hände

Fühl ich Gottes Hauch;

Sprech ich mit dem Mund,

Folg ich Gottes Willen.

Wenn ich Gott erblick'

Überall, in Mutter, Vater,

In allen lieben Menschen,

In Tier und Blume,

In Baum und Stein,

Gibt Furcht mir nichts;

Nur Liebe zu allem,

Was um mich ist.

Nicht extra lehren! Ein Erwachsener spricht es jeden Abend;
nach und nach sagt das Kind einzelne Worte,
dann Zeilen nach und lernt so das ganze Gebet.[3]

---

[3] Rudolf Steiner: Gebete für Mütter und Kinder,
Rudolf Steiner Vlg., Dornach 1987, S. 40

Seh ich die Sonne,

Dank ich Gottes Geist.

Rühr ich die Hand,

Lebt in mir Gottes Seele.

Mach ich einen Schritt,

Wandelt in mir Gottes Wille.

Und wenn einen Menschen ich sehe,

Lebt Gottes Seele in ihm.

Und so lebt sie auch

Im Vater, in der Mutter,

In Tier und Blume,

In Baum und Stein.

Nimmer Furcht kann mich erreichen,

Wenn ich danke Gottes Geist,

Wenn ich lebe in Gottes Seele,

Wenn ich wandle mit Gottes Willen.

In einer Handschrift findet sich auch in der zweiten und vierzehnten Zeile
«denk» und «denke» statt «dank» und «danke».[4]

---

[4] Rudolf Steiner: Wahrspruchworte, GA 40, Rudolf Steiner
Vlg., Dornach 1991, S. 239

Sonne, du leuchtest über meinem Haupte,

Sterne, ihr scheinet über Feld und Stadt,

Tiere, ihr reget und beweget euch auf der Erdenmutter,

Pflanzen, ihr lebet durch die Erd- und Sonnenkraft,

Steine, ihr festigt Tier und Pflanze

Und mich, den Menschen,

Dem des Gottes Macht

Lebt in Kopf und Herz,

Der mit Gottes Kraft

Durchwandelt die Welt.[5]

---

[5] Rudolf Steiner: Wahrspruchworte, GA 40, Rudolf Steiner
Vlg., Dornach 1991, S. 240

Mein Herz dankt,
Daß mein Auge sehen darf,
Daß mein Ohr hören darf,
Daß ich wachend fühlen darf
In Mutter und Vater,
In allen lieben Menschen,
In Sternen und Wolken:
Gottes Licht,
Gottes Liebe,
Gottes Sein,
Die mich schlafend
Leuchtend,
Liebend,
Gnadespendend schützen.[6]

---

[6] Rudolf Steiner:
Wahrspruchworte, GA 40,
Rudolf Steiner Vlg. Dornach
1991, S. 241

Vom Kopf zum Fuß,
Durch Herz und Hand
Bin ich Gottes Kind;
In Sonne und im Monde,
In Stern und Stein
Fühl ich Gottes Kraft;
In Vater und in Mutter,
In allen lieben Menschen
Lebt mir Gottes Wille.
So will auch ich
Als Gottes Kind
Durch Gottes Kraft
Nach Gottes Willen
Leben und sprechen
Und, was ich soll,
Gott getreu auch tun.[7]

---

[7] Rudolf Steiner:
Wahrspruchworte, GA 40,
Rudolf Steiner Vlg.,
Dornach 1991, S. 242

Der Sonne Licht,
Es hellt den Tag
Nach finstrer Nacht:
Der Seele Kraft,
Sie ist erwacht
Aus Schlafes Ruh':
Du meine Seele,
Sei dankbar dem Licht,
Es leuchtet in ihm
Des Gottes Macht;
Du meine Seele,
Sei tüchtig zur Tat.[8]

[8] Rudolf Steiner: Wahrspruchworte, GA 40, Rudolf Steiner Vlg., Dornach 1991, S. 243

KINDERGEBET

Mit meinen Augen
Beschaue ich die Welt,
Des Gottes schöne Welt,
Und danken muß mein Herz,
Daß es leben darf
In dieser Gotteswelt,
Daß ich erwachen darf
In des Tages Helligkeit
Und des Nachts ich ruhen darf
In Gottes Seligkeit.[9]

---

[9] Rudolf Steiner: Wahrspruchworte, GA 40, Rudolf Steiner Vlg.,
Dornach 1991, S. 248

Meditationen und mantrische Sprüche

FÜR JEDEN TAG

Großer umfassender Geist,
    mein Ich erhebe sich von unten nach oben,
    ahnen mög es Dich im Allumfassen.
Der Geist meines Wesens durchleuchte sich
    mit dem Licht Deiner Boten,
Die Seele meines Wesens entzünde sich
    an den Feuerflammen Deiner Diener
Der Wille meines Ich erfasse
    Deines Schöpferwortes Kraft.
Du bist.
    Dein *Licht* strahle in meinen Geist,
    Dein *Leben* erwarme meine Seele,
    Dein *Wesen* durchdringe mein Wollen,
    daß Verständnis fasse mein Ich
    für Deines Lichtes Leuchten,
    Deines Lebens Liebewärme,
    Deines Wesens Schöpferworte.
Du bist.[10]

---

[10] Rudolf Steiner: Anweisungen für eine esoterische Schulung, GA 245, Rudolf Steiner Vlg., Dornach 1993, S. 73

Grundstein-Meditation

Menschenseele!
Du lebest in den Gliedern,
Die dich durch die Raumeswelt
In das Geistesmeereswesen tragen:

Übe Geist-Erinnern
In Seelentiefen,
Wo in waltendem
Weltenschöpfer-Sein
Das eigne Ich
Im Gottes-Ich
Erweset;
Und du wirst wahrhaft leben
Im Menschen-Welten-Wesen.

Denn es waltet der Vater-Geist der Höhen
In den Weltentiefen Sein-erzeugend:
Seraphim, Cherubim, Throne
Lasset aus den Höhen erklingen,
Was in den Tiefen das Echo findet;
Dieses spricht:
Ex deo nascimur.
Das hören die Elementargeister in Ost, West, Nord, Süd:
Menschen mögen es hören.

Menschenseele!
Du lebest in dem Herzens-Lungen-Schlage,
Der dich durch den Zeitenrhythmus
In's eigne Seelenwesensfühlen leitet:
Übe Geist-Besinnen
Im Seelengleichgewichte,
Wo die wogenden
Welten-Werde-Taten
Das eigne Ich
Dem Welten-Ich
Vereinen;
Und du wirst wahrhaft *fühlen*
Im Menschen-Seelen-Wirken.

Denn es waltet der Christus-Wille im Umkreis
In den Weltenrhythmen Seelen-begnadend;
Kyriotetes, Dynamis, Exusiai,
Lasset vom Osten befeuern,
Was durch den Westen sich formet;
Dieses spricht:
In Christus morimur.
Das hören die Elementargeister in Ost, West, Nord, Süd:
Menschen mögen es hören.

Menschenseele!
Du lebest im ruhenden Haupte,
Das dir aus Ewigkeitsgründen
Die Weltgedanken erschliesset:
Übe Geist-Erschauen
In Gedanken-Ruhe,
Wo die ew'gen Götterziele
Welten-Wesens-Licht
Dem eignen Ich
Zu freiem Wollen
Schenken;
Und du wirst wahrhaft *denken*
In Menschen-Geistes-Gründen.

Denn es walten des Geistes Weltgedanken
Im Weltenwesen Licht-erflehend;
Archai, Archangeloi, Angeloi,
Lasset aus den Tiefen erbitten,
Was in den Höhen erhöret wird;
Dieses spricht:
Per spiritum sanctum reviviscimus.
Das horen die Elementargeister in Ost, West, Nord, Süd:

Menschen mögen es hören.

In der Zeiten Wende
Trat das Welten-Geistes-Licht
In den irdischen Wesensstrom;
Nacht-Dunkel
Hatte ausgewaltet;
Taghelles Licht
Erstrahlte in Menschenseelen;
Licht,
Das erwärmet
Die armen Hirtenherzen;
Licht,
Das erleuchtet
Die weisen Königshäupter.

Göttliches Licht,
Christus-Sonne,
Erwärme
Unsere Herzen,
Erleuchte
Unsere Häupter,

Dass gut werde,
Was wir
Aus Herzen gründen,
Was wir
Aus Häuptern
Zielvoll führen wollen.[11]

---

[11] Rudolf Steiner: Die Weihnachtstagung zur Begründung der
Allgemeinen Anthroposophischen Gesellschaft 1923/1924, GA 260,
Rudolf Steiner Vlg., Dornach 1994, S. 60 - 69

Licht um mich
Licht erfülle mich
Licht stärke mich
Licht befreie mich
Licht stelle mich
Auf mich selber
Ich[12]

---

[12] Rudolf Steiner: Mantrische Sprüche. Seelenübungen, Band II, GA 268, Rudolf Steiner Vlg., Dornach 1999, S. 150

Bei einer Erkrankung

O Gottesgeist erfülle mich
Erfülle mich in meiner Seele;
Meiner Seele leihe starke Kraft,
Starke Kraft auch meinem Herzen
Meinem Herzen, das dich sucht,
Sucht durch tiefe Sehnsucht
Tiefe Sehnsucht nach Gesundheit
Nach Gesundheit und Starkmut
Starkmut der in meine Glieder strömt
Strömt wie edles Gottgeschenk
Gottgeschenk von dir, o Gottesgeist
O Gottesgeist erfülle mich.[13]

---

[13] Rudolf Steiner: Mantrische Sprüche. Seelenübungen, Band II, GA 268, Rudolf Steiner Vlg., Dornach 1999, S. 181

Mantram

Standhaft stelle ich mich ins Dasein
(linkes Bein)
sicher durchschreite ich die Lebensbahnen
(rechtes Bein)
Kraft fließt mir ins Herz
(Herzraum)
Liebe hege ich zu allen Wesen
(linker Arm)
Hoffnung präge ich in alles Tun
(rechter Arm)
Vertrauen lege ich in alles Denken
(Haupt)
Diese sechs geleiten mich ins Dasein
(Alle)

(Nach Rudolf Steiner – mitgeteilt durch Ralph Melas Große)[14]

---

[14] Quelle: Telefonische Mitteilung von Ralph Melas Große, frei nach einer Meditation, in: Rudolf Steiner: Seelenübungen, Band I, GA 267, Rudolf Steiner Vlg., Dornach 1997, S. 218 – 228 (verschiedene Varianten)

Rosenkreuzerspruch

«Ex deo nascimur - In Christo morimur - Per spiritum sanctum reviviscimus» (*Aus dem Gotte sind wir geboren - In dem Christus sterben wir - Durch den Heiligen Geist werden wir auferstehen*).[15]

[15] Rudolf Steiner: Inneres Wesen des Menschen und Leben zwischen Tod und neuer Geburt, GA 153, Rudolf Steiner Vlg. Dornach 1988, S. 105, 123, 162

Drohendes Unheil

Du Widersinnszauber des Lebens,
Du scheinest in der Nacht,
Und hehren Schicksalswebens
Gottgewollte ew'ge Macht
Durchlöchert die Gegenkraft -
Daß seelenquälend sich verbreitet,
Was dämonisch Unheil schafft
Und nach Schlangenart an mich gleitet.[16]

---

[16] Rudolf Steiner: Meditationen und Dichtungen, Edition Rudolf Steiner, Rudolf Steiner Vlg., Dornach 1996, S. 199

Den Berliner Freunden
(anlässlich des Hitler-Ludendorff-Putsches 1923)

Es siehet der Mensch
Mit dem Welt'erzeugten Auge;
Ihn bindet, was er siehet,
An Weltenfreude und Weltenschmerz;
Es bindet ihn an alles,
Was da wird, aber minder nicht,
An alles, was da stürzet
In Abgrundes finstere Reiche.
Es schauet der Mensch
Mit dem Geist'verlieh'nen Auge;
Ihn bindet, was er schauet,
An Geisteshoffen und Geistes-Halte-Kraft;
Es bindet ihn an alles,
Was in Ewigkeiten wurzelt,
Und in Ewigkeiten Früchte trägt.
Aber schauen kann der Mensch
Nur wenn er des Innern Auge
Selber fühlet als Geistes-Gottes-Glied,
Das auf der Seele Schauplatz
Im Menschen Leibes-Tempel
Der Götter Taten wirket.
Es ist die Menschheit
Im Vergessen an das Gottes-Innre,
Wir aber wollen es nehmen
In des Bewußtseines helles Licht,
Und dann tragen über Schutt und Asche
Der Götter Flamme im Menschenherzen.
So mögen Blitze unsre Sinneshäuser
In Schutt zerschmettern;

Wir errichten Seelenhäuser
Aus der Erkenntnis
Eisenfestem Lichtesweben.
Und Untergang des Äußern
Soll werden Aufgang
Des Seelen-Innersten.
Das Leid dringet heran
Aus-Stoffes-Kraft Gewalten;
Die Hoffnung leuchtet
Auch wenn Finsternis uns umwallt;
Und s i e wird dereinst
In unsre Erinnerung dringen,
Wenn wir nach der Finsternis
Im Lichte wieder leben dürfen.
Wir wollen nicht, daß diese Leuchte
Dereinst in künft'gen Helligkeiten uns fehle,
Weil wir sie jetzt im Leide
Nicht in unsre Seelen eingepflanzt haben.[17]

[17] Rudolf Steiner: Meditationen und Dichtungen, Edition Rudolf
Steiner, Rudolf Steiner Vlg., Dornach 1996, S. 196 - 198

Meditation zum Schutz gegen außen

Die äußere Hülle meiner Aura verdichte sich.
Sie umgebe mich mit einem undurchdringlichen Gefäß
gegenüber allen unreinen, unlauteren Gedanken
und Empfindungen.

Sie öffne sich nur der göttlichen Weisheit.[18]

[18] Rudolf Steiner: Mantrische Sprüche. Seelenübungen, Band II, GA 268, Rudolf Steiner Vlg., Dornach 1999, S. 37

In Todesgefahr

Du Geist meines Lebens, schützender Begleiter,
Sei Du in meinem Wollen die Herzensgüte,
Sei Du in meinem Fühlen die Menschenliebe,
Sei Du in meinem Denken das Wahrheitslicht.[19]

---

[19] Rudolf Steiner: Mantrische Sprüche. Seelenübungen, Band II, GA 268, Rudolf Steiner Vlg., Dornach 1999, S. 190

ZUR HILFE FÜR ANDERE

Ich versenke mich in die tiefsten Seelenkräfte in mir,
Da lebe ich fühlend in dem Ewigen meiner Seele.
Wie der Punkt ohne Ausdehnung in dem Kreise,
So ist die ewige Seele ohne leibliches Wesen in mir.

Mit diesem leiblosen ewigen Wesen gedenke ich
helfend im Geiste - - -

Die Kraft, Du selbst zu sein, erstarke in Dir
Das Licht, das in deinem eigenen Inneren leuchtet, belebe
sich in dir.
Die Seelenwärme, die aus deinem eigenen Geiste strahlt,
durchwärme dich. —[20]

---

[20] Rudolf Steiner: Mantrische Sprüche. Seelenübungen, Band II, GA 268, Rudolf Steiner Vlg., Dornach 1999, S. 191

Für einen Schwerkranken

Herzen, die lieben,
Sonnen, die wärmen,
Ihr Wegespuren Christi
In des Vaters Weltenall -
Euch rufen wir zu aus eigener Brust,
Euch suchen wir im eignen Geist,
   O strebet zu ihm!

Menschenherzen-Strahlen,
Andachtswarmes Sehnen,
Ihr Heimstätten Christi
In des Vaters Erdenhaus -
Euch rufen wir aus eigner Brust,
Euch suchen wir im eignen Geist,
   O lebet bei ihm!

Strahlende Menschenliebe,
Wärmender Sonnenglanz,
Ihr Seelenkleider Christi
In des Vaters Menschentempel -
Euch rufen wir aus eigner Brust,
Euch suchen wir im eignen Geist,
   O helfet in ihm![21]

---

[21] Rudolf Steiner: Mantrische Sprüche. Seelenübungen, Band II, GA 268, Rudolf Steiner Vlg., Dornach 1999, S. 194

Gelassenheit

Schau der Ruhesterne
Weltenwirkende
Ewigkeitsgewalten[22]

---

[22] Rudolf Steiner: Meditationen und Dichtungen, Edition Rudolf Steiner, Rudolf Steiner Vlg., Dornach 1996, S. 53

Die Bedeutung der Nebenübungen

Die **Nebenübungen**, auch die sechs
Eigenschaften genannt, dienen der Stärkung
des Seelenlebens und sind eine wesentliche
Vorbedingung für jeden, der eine geistige
Schulung anstrebt. Diese Nebenübungen müssen stets die
meditativen *Hauptübungen* begleiten. Indem man sich in
diesen sechs Eigenschaften übt, wird die 12-blättrige
Lotosblume, das Herzchakra, regelmäßig ausgebildet,
wird aktiv und beginnt sich zu drehen. Diese sechs
Eigenschaften sind:

"Gedankenkontrolle. Sie besteht darin, daß man

wenigstens für kurze Zeiten des Tages nicht alles

mögliche durch die Seele irrlichtelieren läßt, sondern

einmal Ruhe in seinem Gedankenlaufe eintreten läßt.

Man denkt an einen bestimmten Begriff, stellt diesen

Begriff in den Mittelpunkt seines Gedankenlebens und

reiht hierauf selbst alle Gedanken logisch so aneinander,

daß sie sich an diesen Begriff anlehnen. Und wenn das

auch nur eine Minute geschieht, so ist es schon von

großer Bedeutung für den Rhythmus des physischen und

Ätherleibes.

Initiative des Handelns, das heißt, man muß sich zwingen

zu wenn auch unbedeutenden, aber aus eigener Initiative

entsprungenen Handlungen, zu selbst auferlegten

Pflichten. Die meisten Ursachen des Handelns liegen in Familienverhältnissen, in der Erziehung, im Berufe und so weiter. Bedenken Sie nur, wie wenig eigentlich aus der eigenen Initiative hervorgeht! Nun muß man also kurze Zeit darauf verwenden, Handlungen aus der eigenen Initiative hervorgehen zu lassen. Das brauchen durchaus nicht wichtige Dinge zu sein; ganz unbedeutende Handlungen erfüllen denselben Zweck.

Gelassenheit. Das dritte, um was es sich handelt, kann man nennen Gelassenheit. Da lernt man den Zustand des Hin- und Herschwankens zwischen «himmelhoch jauchzend» und «zum Tode betrübt» regulieren. Wer das nicht will, weil er glaubt, daß dadurch seine Ursprünglichkeit im Handeln oder sein künstlerisches Empfinden verlorengehe, der kann eben keine okkulte Entwickelung durchmachen. Gelassenheit heißt, Herr sein in der höchsten Lust und im tiefsten Schmerz. Ja, man wird für die Freuden und Leiden in der Welt erst dann richtig empfänglich, wenn man sich nicht mehr verliert im Schmerz und in der Lust, wenn man nicht mehr egoistisch darin aufgeht. Die größten Künstler haben gerade durch diese Gelassenheit am meisten erreicht, weil sie sich dadurch die Seele aufgeschlossen haben für subtile und innere wichtige Dinge.

Unbefangenheit. Das vierte ist, was man als Unbefangenheit bezeichnen kann. Das ist diejenige Eigenschaft, die in allen Dingen das Gute sieht. Sie geht überall auf das Positive in den Dingen los. Als Beispiel können wir am besten eine persische Legende anführen, die sich an den Christus Jesus knüpft: Der Christus Jesus sah einmal einen krepierten Hund am Wege liegen. Jesus blieb stehen und betrachtete das Tier, die Umstehenden aber wandten sich voll Abscheu weg ob solchen Anblicks. Da sagte der Christus Jesus: Oh, welch wunderschöne Zähne hat das Tier! - Er sah nicht das Schlechte, das Häßliche, sondern fand selbst an diesem eklen Kadaver noch etwas Schönes, die weißen Zähne. Sind wir in dieser Stimmung, dann suchen wir in allen Dingen die positiven Eigenschaften, das Gute, und wir können es überall finden. Das wirkt in ganz mächtiger Weise auf den physischen und Ätherleib ein.

Glaube. Das nächste ist der Glaube. Glauben drückt im okkulten Sinne etwas anderes aus, als was man in der gewöhnlichen Sprache darunter versteht. Man soll sich niemals, wenn man in okkulter Entwickelung ist, in seinem Urteil durch seine Vergangenheit die Zukunft bestimmen lassen. Bei der okkulten Entwickelung muß man unter Umständen alles außer acht lassen, was man bisher erlebt hat, um jedem neuen Erleben mit neuem

Glauben gegenüberstehen zu können. Das muß der Okkultist bewußt durchführen. Wenn einer zum Beispiel kommt und sagt: Der Turm der Kirche steht schief, er hat sich um 45 Grad geneigt - so würde jeder sagen: Das kann nicht sein. - Der Okkultist muß sich aber noch ein Hintertürchen offen lassen. Ja, er muß so weit gehen, daß er jedes in der Welt Erfolgende, was ihm entgegentritt, glauben kann, sonst verlegt er sich den Weg zu neuen Erfahrungen. Man muß sich frei machen für neue Erfahrungen; dadurch werden der physische und der Ätherleib in eine Stimmung versetzt, die sich vergleichen läßt mit der wollüstigen Stimmung eines Tierwesens, das ein anderes ausbrüten will.

Inneres Gleichgewicht. Und dann folgt als nächste Eigenschaft inneres Gleichgewicht. Es bildet sich durch die fünf anderen Eigenschaften nach und nach ganz von selbst heraus. Auf diese sechs Eigenschaften muß der Mensch bedacht sein. Er muß sein Leben in die Hand nehmen und langsam fortschreiten im Sinne des Wortes: Steter Tropfen höhlt den Stein." (Lit.: GA 095, S 117ff)[23]

---

[23] Rudolf Steiner: Vor dem Tore der Theosophie, GA 95, Rudolf Steiner Vlg., Dornach 1991, S. 117 - 119

Nachweis der Textherkunft:

Rudolf Steiner: Anthroposophische Leitsätze, GA 26, Rudolf Steiner Vlg., Dornach 1982

Rudolf Steiner: Meditationen und Dichtungen, Edition Rudolf Steiner, Rudolf Steiner Vlg., Dornach 1996

Rudolf Steiner: Anweisungen für eine esoterische Schulung, GA 245, Rudolf Steiner Vlg., Dornach 1993

Rudolf Steiner: Wahrspruchworte, GA 40, Rudolf Steiner Vlg., Dornach 1991

Rudolf Steiner: Seelenübungen, Band I, GA 267, Rudolf Steiner Vlg., Dornach 1997

Rudolf Steiner: Mantrische Sprüche. Seelenübungen, Band II, GA 268, Rudolf Steiner Vlg., Dornach 1999

Rudolf Steiner: Inneres Wesen des Menschen und Leben zwischen Tod und neuer Geburt, GA 153, Rudolf Steiner Vlg., Dornach 1988

Rudolf Steiner: Vor dem Tore der Theosophie, GA 95, Rudolf Steiner Vlg., Dornach 1991

Rudolf Steiner: Makrokosmos und Mikrokosmos, GA 119, Rudolf Steiner Vlg., Dornach 1992

Rudolf Steiner: Die Weihnachtstagung zur Begründung der Allgemeinen Anthroposophischen Gesellschaft 1923/1924, GA 260, Rudolf Steiner Vlg., Dornach 1994

Rudolf Steiner: Gebete für Mütter und Kinder, Rudolf Steiner Vlg., Dornach 1987

Autobiographische Skizze Rudolf Steiners

Geboren wurde Rudolf Steiner am 25. oder 27. Februar 1861 in Kraljevec im nördlichen Kroatien (früher zu Österreich gehörend) gegen die ungarische Grenze zu, doch seine Kindheit verbrachte er im Burgenland südlich von Wien. Er studierte dann an der Technischen Hochschule in Wien Mathematik, Physik, Chemie und Biologie, daneben beschäftigte er sich mit Goethe und trieb philosophische Studien. Im Jahre 1882 wird er Herausgeber der naturwissenschaftlichen Schriften Goethes in Kürschners «Deutscher National-literatur». Daneben wirkte er als Hauslehrer, wobei er auch heilpädagogische Tätigkeiten entfalten mußte. Ab 1890 wird er ständiger Mitarbeiter am Goethe- und Schiller-Archiv in Weimar und gibt in dieser Funktion die naturwissenschaftlichen Schriften in der großen Sophien-Ausgabe heraus. Er promovierte in Rostock zum Doktor der Philosophie. Von 1899 bis 1904 war er Lehrer an der Arbeiter-Bildungsschule in Berlin. 1902 tritt er in die Theosophische Gesellschaft ein, mit deren Mitgliedern er schon in Wien Kontakte hatte. Er wurde Generalsekretär der deutschen Sektion dieser Gesellschaft. Im Rahmen dieser Gesellschaft findet eine ausgedehnte Vortragstätigkeit in ganz Europa statt. 1910 führte er in München sein erstes Mysterien-Drama auf – dramatisierte seelische und geistige Vorgänge.

Nachdem die ganze deutsche Sektion mit Rudolf Steiner von der Theosophischen Gesellschaft wegen unüberwindlichen Differenzen in der Auffassung des Christus ausgeschlossen wurde, fand die Gründung der Anthroposophischen Gesellschaft (1912/13) statt. Ebenfalls im Jahre 1913 wurde der Grundstein zum Goetheanum in Dornach bei Basel gelegt, als ein spiritueller Bau in völlig neuen Bauformen. 1919 wurde von dem Leiter der Zigarettenfabrik Waldorf-Astoria eine Schule in Stuttgart gegründet. Aus dem Seminarkursus für die künftigen Lehrer dieser Schule ist dann die ganze Waldorf-Pädagogik entstanden. Durch die Bewegung für die Dreigliederung des sozialen Organismus versuchte er auf die chaotischen sozialen Verhältnisse der Nachkriegszeit gestaltend einzuwirken. 1920 wurde der erste Kurs für Ärzte und Medizinstudenten abgehalten. Beginn der Faust-Aufführungen. Infolge Brandstiftung brannte das Goetheanum zu Silvester des Jahres 1922 ab. Ein Modell der Aussenansicht eines neuen Goetheanums in Sichtbeton entstand 1924, dessen Rohbau dann im Jahre 1928 vollendet war. Im Jahre 1924 fand der landwirtschaftliche Kurs in Koberwitz statt.

Im Herbst des Jahres 1924 erkrankte er schwer und starb am 30. März 1925.

Autobiographische Notiz des Herausgebers

Michael Heinen-Anders wurde am 25.02.1960 in Köln geboren. Er studierte an der Bergischen Universität Wuppertal Wirtschafts- und Sozialwissenschaften. 1988 schloss er das Studium als Diplom-Ökonom ab. Michael Heinen-Anders trat 1994 der Anthroposophischen Gesellschaft, Zweig Köln, bei. Heute ist er gleichfalls Mitglied der Freien Hochschule für Geisteswissenschaft. Er veröffentlichte zahlreiche literarische, essayistische und wissenschaftliche Schriften, darunter „Aus anthroposophischen Zusammenhängen", BOD, Norderstedt 2010 und „Aus anthroposophischen Zusammenhängen Band II", BOD, Norderstedt 2012. Michael Heinen-Anders lebt in Köln, ist geschieden und hat zwei erwachsene Töchter.